clara

Kurze lateinische Texte
Herausgegeben von Hubert Müller

Heft 37

Alltagsleben im Alten Rom

Bearbeitet von Hubert Müller

Mit 10 Abbildungen

Vandenhoeck & Ruprecht

Liebe Schülerin, lieber Schüler,

Alltag macht den größten Teil des Lebens eines Menschen heute wie in der Antike aus, und doch gibt es nur wenige lateinische Textausgaben, die sich in der Lektürephase dem Thema „Alltagsleben im Alten Rom" widmen. Das liegt daran, dass kein römischer Autor für die Nachwelt ein Buch zu diesem Thema geschrieben hat. Wir müssen uns daher bei vielen Autoren aus verschiedenen Jahrhunderten die Textstellen zusammensuchen, aus denen Informationen über das alltägliche Leben der Römerinnen und Römer zu gewinnen sind.

Wir suchen Antworten auf Fragen wie diese, die euch zum Thema „Alltag" so oder so ähnlich einfallen dürften:

Was machten die Römerinnen und Römer eigentlich den ganzen Tag? – Wann standen sie auf? – Was haben sie gegessen? – Wie erzogen sie ihre Kinder? – Welche Berufe lernten sie? – Wie lebten die Sklaven? – Wie verbrachte man seine Freizeit? – Wie lebten römische Frauen? – Was konnte man in den Thermen außer Baden noch machen?

Es ist nicht leicht, diese Fragen mit wenigen Sätzen zu beantworten. Eigentlich müsste jeder Antwortsatz mit „Es kommt darauf an …" eingeleitet werden: Es kommt darauf an, ob jemand als Sklave oder Freier, als Armer oder Reicher, als Stadtrömer oder Landbewohner, als Mann oder Frau, im 2. Jahrhundert vor Christus oder im 2. Jahrhundert nach Christus, in Italien oder in einer fernen Provinz lebte.

Oftmals mag das alltägliche Leben der Römerinnen und Römer vertraut erscheinen, manches wird befremden, ja sogar abstoßen. Die Textauswahl will aufzeigen, was den Römerinnen und Römern zu den 50, 60 oder 70 Jahren ihres Lebens eingefallen ist, und wird damit auch zum Vergleich mit unserem heutigen Leben anregen. Um dir die Arbeit mit den lateinischen Texten zu erleichtern, sind wir folgendermaßen vorgegangen:

Die Texte sind nach Sinneinheiten gesetzt.

In der rechten Spalte sind die Vokabeln angegeben, die nicht Teil des Grundwortschatzes (Klett) oder des Bamberger Wortschatzes sind. Rot hervorgehoben sind die Lernwörter, die zum Grund- und Aufbauwortschatz (Klett) gehören oder darüber hinaus in der Textsammlung mehr als zweimal auftauchen. Sie werden nur bei ihrem ersten Vorkommen aufgeführt. Am Ende des Heftes sind sie noch einmal alphabetisch zusammengestellt.

Fragen und Aufgaben helfen, die Texte zu verstehen und zu erschließen.

Zusatztexte liefern Hintergrundinformationen und ergänzen und verdeutlichen die in den lateinischen Texten aufgeworfenen Fragestellungen.

Jeweils zu einem in den Texten vorkommenden wichtigen grammatischen Phänomen werden vertiefende Übungen zur Wiederholung angeboten, die nach Schwierigkeitsgraden eingeteilt sind (A: leicht / B: mittelschwer / C: anspruchsvoll).

Inhalt

ISBN 978-3-525-71739-4

© 2015 Vandenhoeck & Ruprecht GmbH & Co. KG, Theaterstraße 13, 37073 Göttingen / www.v-r.de

Gesamtherstellung: ⊕ Hubert & Co GmbH Co. KG, Robert-Bosch-Breite 6, 37079 Göttingen
Gedruckt auf chlorfrei gebleichtem Papier.

1. Schule

Der Tagesablauf eines Schülers, geschildert in den Hermeneumata Pseudodositheana (um 200 n. Chr.), einem lateinisch-griechischen Lehrbuch:

1 Ante lucem vigilavi de somno;
surrexi de lecto, sedi, accepi pedules, caligas;
calciavi me;
poposci aquam ad faciem.
5 Lavo primo manus;
deinde faciem lavi, extersi;
deposui dormitoriam;
accepi tunicam;
praecinxi me;
10 unxi caput meum et pectinavi …
Processi de cubiculo
cum paedagogo
et cum nutrice
salutare patrem et matrem;
15 ambos salutavi et osculatus sum;
et sic descendi de domo.

Eo in scholam; introivi, dixi:
„Ave magister",
et ipse me osculatus est et resalutavit.
20 Porrexit mihi puer meus scriniarius tabulas,
thecam graphiariam, praeductorium.

vigilāre: (auf)wachen
lectus: Bett
sīdere, sēdī, sessum: sich setzen
accēpī: *erg. von einem Sklaven*
pedūlēs, ium *m.*: Schuhe
caliga: Stiefel; *caligās ist Apposition und erklärt pedūlēs*
calciāre: Schuhe anziehen
lavāre, lāvī, lautum: baden, (sich) waschen
faciēs, ēī *f.*: Gesicht
extergēre, tersī, tersum: abtrocknen
dormītōria *erg.* vestis: Schlafhemd
tunica: Tunika
praecingere, cīnxī, cīnctum: den Gürtel umbinden
ungere, ūnxī, ūnctum: salben
pectināre: kämmen
cubiculum: Schlafzimmer
paedagōgus: Erzieher; *ein Sklave*
nūtrīx, īcis *f.*: Amme, Erzieherin
salūtāre: (be)grüßen; *finaler Inf.: um zu begrüßen*
ambō *Akk.m.* ambōs: beide
ōsculārī: küssen
schola: Schule
introīre, eō, iī (*oder* īvī), itum: eintreten
avē: sei gegrüßt
porrigere, rēxī, rēctum: reichen
puer scrīniārius: Schultaschenträger; *Sklave, der die Schultasche trug*
thēca graphiāria: Mäppchen; *lederne Hülle für die Schreibgriffel*
praeductōrium: Täfelchen *mit vorgeschriebenen Buchstaben, die der Schüler nachzuzeichnen hatte*
dēlēre, dēlēvī, dēlētum: zerstören auslöschen
praedūcere: nachschreiben
ad praescrīptum: nach dem Vorgezeichneten
ēmendāre: verbessern.
indūcere, dūxī, ductum: *Geschriebenes in den Wachstafeln ausstreichen.*

Abb. 1: Schulszene. Relief um 200 n. Chr. auf einem Neumagener Grabmahl, Rheinisches Landesmuseum Trier, Foto: Shakko/Wikipedia

Loco meo sedens deleo.
Praeduco ad praescriptum;
ut scripsi, ostendo magistro;
25 emendavit, induxit;
iubet me legere.

Iussus alio dedi.
Edisco interpretamenta, reddidi …
Declinavi genera nominum, partivi versum.
30 Ut haec egimus, dimisit ad prandium.
Pransus revertor iterum in scholam:
Dimissus venio domi.
Invenio magistrum perlegentem.
Et dixit: „Incipite ab initio."

ēdiscere: auswendig lernen; interpretāmentum: Übersetzung *vom Lateinischen ins Griechische und umgekehrt*
reddere: *hier:* aufsagen
partīre, partīvī: einteilen, gliedern
versus, ús *m.*: Vers
prandium: zweites Frühstück

1 Beschreibe Sprache und Stil des Textes und äußere Vermutungen darüber, was in diesem Abschnitt des lateinisch-griechischen Lehrbuchs geübt werden sollte.

2 Ordne den Schüler einer gesellschaftlichen Schicht zu; begründe mit Belegen aus dem lateinischen Text.

3 (a) Beschreibe die Methoden im römischen Unterricht, die der Text widerspiegelt; zitiere dabei lateinisch. – (b) Vergleiche deinen eigenen Unterricht mit dem römischen. – (c) Erläutere die Rolle des Lehrers in vorliegendem Text und beschreibe seine gesellschaftliche Stellung; ziehe den Informationstext hinzu.

4 Die Abbildungen auf S. 4 und 6 zeigen, wie man sich die Arbeit in der Schule vorstellen muss. Zitiere aus dem Text lateinisch die Stellen, die inhaltlich zu der Abbildung passen.

Der römische Lehrer mietete meist einen Laden an, in dem er unterrichtete. Oft war der Unterrichtsraum nur durch einen Vorhang von den Geräuschen der Stadt getrennt. Der Dichter Martial beschimpft einen Lehrer, der in der Nachbarschaft seiner Wohnung unterrichtet und ihn durch die Unterrichtsgeräusche und durch die Stockhiebe, unter denen die Schüler leiden, stört. „Schick' deine Schüler nach Hause …, Schwätzer …" *(Epigramme 9, 68).* Der Lehrerberuf genoss nur geringes Ansehen; von dem Einkommen, das die Eltern dem Lehrer bezahlten, konnte er nur schlecht leben, sodass viele Lehrer noch Nebenberufe ausüben mussten.

Grammatikwiederholung

A Bilde zu folgenden Formen aus dem Text jeweils die erste Person Präsens: vigilāvī – surrēxī – dēposuī – accēpī – prōcessī – dēscendī – dīxī – scrīpsī – dedī – reddidī – dīmīsit.

B Übersetze die Partizipialkonstruktionen in folgenden Sätzen auf möglichst viele verschiedene Arten: Loco meo sedens deleo (Z. 22) – Iussus alio dedi (Z. 27) – Dimissus venio domi (Z. 32) – Invenio magistrum perlegentem (Z. 33).

C Ut scripsi, ostendo magistro (Z. 24): Erläutere die semantische Funktion des *ut*-Satzes. Stelle der Klasse die verschiedenen Funktionen von *ut* mit Indikativ und *ut* mit Konjunktiv vor, verwende dabei auch das Vokabular dieses Textes, um kleine Beispielsätze zu bilden.

2. Bildung und Ausbildung

Für die moralische Erziehung gelten nach Seneca (Epistulae morales 94, 51) dieselben Prinzipien wie beim Schreibenlernen.

Si exspectat tempus,
quo per se sciat,
quid optimum factu sit,
interim errabit et errando impedietur,
5 quominus ad illud perveniat,
quo possit se esse contentus;
regi ergo debet,
dum incipit posse se regere.
Pueri ad praescriptum discunt;
10 digiti illorum tenentur
et aliena manu per litterarum simulacra ducuntur,
deinde imitari iubentur proposita
et ad illa reformare chirographum:
Sic animus noster,
15 dum eruditur ad praescriptum, iuvatur.

exspectat: *erg.* ein Mensch, man
factū *(Supinum):* zu tun
errandō: *Ablativ des Gerundiums vgl. Grammatikwiederholung*
impedīre, quōminus + *Konj.:* daran hindern, dass
contentus + *Abl.:* zufrieden mit

ad praescrīptum: nach dem, was vorgeschrieben/vorgezeichnet ist
digitus: Finger
simulācrum: *hier:* Form
imitārī: nachahmen, nachbilden
prōpositum: Vorlage *für Schreibübungen*
refōrmāre: verbessern
chīrographum: Handschrift
ērudīre: unterrichten, ausbilden

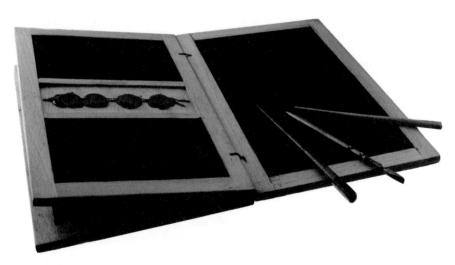

Abb. 2: Nachbildung einer römischen Wachstafel mit drei Griffeln, Andreas Praefcke, Wikimedia Commons

1 (a) Zitiere das Ziel, das nach Senecas Meinung Erziehung erreichen soll, sowie die Hindernisse, die diesem Ziel im Wege stehen. – (b) Beschreibe den Weg, den Seneca für richtig hält, um das Ziel zu erreichen.

2 (a) Erläutere den Vergleich in Z. 9–15: Wer oder was wird womit verglichen? Ziehe zur Veranschaulichung auch Abbildung 2 sowie Text 1 hinzu. – (b) Formuliere, was Seneca durch den Vergleich verdeutlichen will.

3 Nimm Stellung zu dem genannten Erziehungsziel und zur Methode, dieses Ziel zu erreichen.

4 (a) Erläutere das Prinzip, nach dem Cicero ausgebildet wurde. – (b) Vergleiche dieses Prinzip mit der Methode, wie in Text 2 das Schreiben gelehrt wird.

Cicero schreibt 44 v. Chr. über seine Ausbildung, die ihm ab dem 16. Lebensjahr zuteilwurde (*Laelius, de amicitia* 1,1):
Nachdem ich die Männertoga *(im Alter von 16 Jahren)* erhalten hatte, hatte mich mein Vater dem Scaevola *(Konsul und hoch angesehener Rechtsgelehrter)* mit dem Rat anvertraut, soweit ich könnte und es erlaubt sei, niemals von der Seite des alten Mannes zu weichen. Und so merkte ich mir vieles, was von ihm klug erörtert, vieles, was von ihm auch kurz und treffend geäußert wurde, und ich bemühte mich, mit Hilfe seiner Klugheit gelehrter zu werden. Als er starb, begab ich mich zu dem Pontifex Scaevola. Ihn wage ich, mit Blick auf seine Intelligenz und Gerechtigkeit die bei Weitem herausragendste Persönlichkeit unseres Staates zu nennen.

Grammatikwiederholung

A Wiederhole das Gerundium und übersetze: errando discimus – ad errandum – ars scribendi – magister scribendi – ars bene vivendi – cupidus omnia discendi – discendi causa – paratus ad discendum – docendo discimus.

B Übersetze: tempus per se omnia sciendi – cupidus discipulos (discipulus – Schüler) erudiendi – animus noster erudiendo iuvatur – memoria discendo crescit.

C Gerundium oder Gerundivum: Übersetze und erkläre die jeweilige nd-Form: Paratus ad discipulos (discipulus – Schüler) erudiendos – litterarum scribendarum causa – se regendi causa – ad digitos regendos — cupidus multa sciendi – litteris scribendis scribere discimus.

3. Wozu Bildung?

Petron (gestorben 66 n.Chr.) erzählt von einer Fressorgie bei Trimalchio, einem Freigelassenen, der zu ungeheurem Reichtum gelangt war. Einer der neureichen Gäste äußert sich über den Wert der Schulbildung (Satyrica 58, 7).

Non didici geometrias,
critica et alogas menias,
sed lapidarias litteras scio,
partes centum dico ad aes,
5 ad pondus, ad nummum.

Ad summam, si quid vis,
ego et tu sposiunculam:
exi, defero lamnam.
Iam scies patrem tuum mercedes perdidisse,
10 quamvis et rhetoricam scis.

critica, ōrum n.: Literaturkritik
álogus: verrückt, blödsinnig
mēniās *Akk.: Übertragung des griechischen menin (= Zorn), des ersten Wortes der Ilias. Die Ilias beginnt: „Vom Zorn singe mir, Muse …"*
álogās mēniās: solchen Blödsinn wie „Vom Zorn…"
lapidārius: aus Stein
partēs … aes: Prozente kann ich nennen beim Kleingeld
pondus, eris n.: Pfund
nummus: Silberstück
ad summam: kurz und gut
sposiuncula: kleine Wette
exī: los, komm raus!
dēferre: hier: setzen
lāmna: Mäuse, Piepen
mercēs, ēdis f.: Lohn, Preis, Sold
quamvīs: obwohl
rhētorica: Rhetorik

1 (a) Nenne den Lernstoff, auf den es dem neureichen Gast bei der Ausbildung ankommt, und die Lerninhalte, die seiner Meinung nach überflüssig sind. – (b) Beschreibe die Sprache des Gastes und erläutere, inwiefern sich die Lebenseinstellung des Sprechers in seiner Sprache widerspiegelt.

2 (a) Nenne die Gründe, die den Vater des Horaz veranlassten, seinen Sohn nach Rom zur Ausbildung zu schicken. – (b) Beschreibe die Ausbildung, die Horaz dort erhalten sollte. – (c) Erläutere das Ziel, das Horaz mit der Ausbildung vorrangig erreichen will. – (d) Vergleiche die Bildungsziele des Horaz mit denen des Gastes im lateinischen Text und nimm Stellung dazu.

Der Dichter **Horaz** schreibt über seinen Vater *(Satiren 1, 6, 71–88)*:
Bescheiden lebte er mit seinem mageren Stück Land und wollte mich doch nicht in die Elementarschule des Flavius *(die Grundschule in Venusia, Apulien, dem Geburtsort des Horaz)* schicken, wohin die stolzen Buben der stolzen Hauptleute gingen, mit Rechenkasten und Tafel an der linken Hand, und acht As *(ein besonders geringer Betrag, etwa 20 Cent)* entrichteten sie im Monat.
Nein, er wagte es, sein Kind nach Rom zu bringen; dort sollte man ihm die Wissenschaften *(Grammatik, Metrik, Rhetorik, griechische Literatur)* beibringen, die jeder Ritter und Senator seine Sprösslinge lernen lässt. Wenn einer meine Kleidung und die Skla-

ven, die mir folgten, trotz des großen Getümmels gesehen hätte, dann hätte er meinen müssen, dass aus uraltem Erbe jene Aufwendungen flossen. Er selbst half mir als völlig unbestechlicher Beistand bei allen Lehrern. Was muss ich viel reden? In Anstand, dem wichtigsten Ehrentitel der Tugenden, hat er mich bewahrt, unbehelligt nicht nur von jeder bösen Tat, sondern auch von übler Nachrede. Er fürchtete nicht, dass einer es ihm zur Last legen würde, wenn ich einst als Ausrufer *(als öffentlicher Diener bei Gericht, den Volksversammlungen, Schauspielen usw.)* oder, was er selbst war, als Makler geringem Verdienst nachginge; auch ich hätte mich nicht darüber beklagt. Aber umso größeres Lob und umso mehr Dank schulde ich ihm jetzt.

3 Beschreibe das Fresko aus Pompeji und überlege, weshalb Terentius Neo und seine Frau sich genau so und nicht anders haben darstellen lassen.

Abb. 3: Terentius Nero und seine Frau, Museo Archeologico Nazionale di Napoli (inv. nr. 9058), commons.wikimedia.org

Grammatikwiederholung

A *Iam scies patrem tuum mercedes perdidisse (Zeile 9).* Bei der Übersetzung des aci mit einem deutschen *dass*-Satz wird ein Akkusativ zum Subjekt (= Subjektsakkusativ) und ein Akkusativ zum Objekt (= Objektsakkusativ) des deutschen Satzes. Bestimme in folgenden kurzen Sätzen ebenfalls Subjekts- und Objektsakkusativ und übersetze: (a) Te rhetoricam didicisse dicis. – (b) Seneca magistros digitos puerorum regere scribit. – (c) Magistri se animos puerorum erudire posse putant. – (d) Seneca homines se contentos esse vult. – (e) Nonne te mercedes patris tui perdidisse scis?

B Überlege, wie in den folgenden verschränkten Relativsätzen jeweils der Subjekts- und ggf. der Objektsakkusativ lautet, und übersetze: (a) Pater tuus, quem mercedes perdidisse scis, nunc miserrimus est. – (b) Magistri, quos Sencca digitos puerorum regere vult, mercedes parvas accipiunt.. – (c) Animus noster, quem Seneca regi debere putat, semper litteris erudiendus est. – (d) Quos populus stultos esse putat, saepe magni philosophi sunt.

4. Arbeiten auf dem Land

Der römische Politiker und Schriftsteller Marcus Porcius Cato, bekannt durch seine Strenge im Amt des Zensors, schrieb um etwa 200 v.Chr. in der Einleitung zu seinem Werk über den Landbau (de agricultura, praefatio 1-4):

Est interdum praestare
mercaturis rem quaerere,
nisi tam periculosum sit,
et item fenerari, si tam honestum sit.
5 Maiores nostri sic habuerunt
et ita in legibus posiverunt:
furem dupli condemnari,
feneratorem quadrupli.
Quanto peiorem civem existimarint
10 feneratorem quam furem, hinc licet existimare.
Et virum bonum quom laudabant, ita laudabant:
bonum agricolam bonumque colonum.
Amplissime laudari existimabatur,
qui ita laudabatur.
15 Mercatorem autem strenuum
studiosumque rei quaerendae existimo –
verum, ut supra dixi, periculosum et calamitosum.
At ex agricolis
et viri fortissimi et milites strenuissimi gignuntur;
20 maximeque pius quaestus stabilissimusque consequitur
minimeque invidiosus,
minimeque male cogitantes sunt,
qui in eo studio occupati sunt.

est + *Inf.*: es ist möglich
interdum *Adv.*: manchmal
praestāre: besser sein
mercātūra: Handel
quaerere: *hier*: erwerben
perīculōsus: gefährlich
fēnerārī: Geld auf Zinsen ausleihen
posīvērunt = posuērunt
fūr, fūris *m./f.*: Dieb
duplum: das Doppelte
condemnāre: verurteilen
duplī condemnāre: zum Doppelten veruteilen
fēnerātor, ōris *m.*: Wucherer
quadruplum: das Vierfache
exīstimārint = exīstimāverint
quom = cum
agricola, ae *m.*: Bauer
colōnus: Pächter, Landwirt
mercātor, ōris *m.*: Kaufmann, Händler
strēnuus: tüchtig
studiōsus alicui reī: eifrig bemüht um etw.
calamitōsus: verlustreich
gignere, genuī, genitum: (er) zeugen, hervorbringen; *pass.*: entstehen, werden
pius: fromm, rechtschaffen
quaestus, ūs *m.*: Erwerb, Erwerbsquelle
stabilis, e: dauerhaft, verlässlich
invidiōsus: 1. neidisch 2. Neid erregend

1 (a) Zitiere die Berufe, die Cato beschreibt, sowie deren Ziele. – (b) Schreibe die Attribute heraus, die Cato diesen Berufen gibt, und erstelle eine Rangfolge nach seiner Bewertung. – (c) Beschreibe die geschichtliche Situation der frühen römischen Republik (s. Informationstext) und erkläre so Catos Urteil.

2 (a) Lies den Cicerotext und fülle eine Tabelle nach folgendem Schema aus:

Berufe	Wertung	Begründung

(b) Erläutere den Maßstab, den Cicero für seine Bewertung anlegt. – (c) Vergleiche Catos und Ciceros Bewertungen der Berufe mit unserem heutigen Urteil, indem du Berufe nennst, die besonders bzw. weniger angesehen sind. – (d) Analysiere und beurteile die Gründe für unser heutiges Urteil.

„Von der Bauernmacht zur Weltmacht", so wird oft die Geschichte Roms kurz zusammengefasst. Im 4. Jahrhundert v. Chr. haben selbst die Adligen noch schwere Landarbeit geleistet und erst nach den punischen Kriegen (Mitte des 2. Jahrhunderts v. Chr.) nahm der Großgrundbesitz zu, während die früheren Bauern zu Pächtern wurden und immer mehr Sklaven die Äcker bewirtschafteten. Cato, der selbst noch mühevolle Landwirtschaft betrieb, schrieb sein Werk *De agricultura* nicht für Kleinbauern, sondern für Großgrundbesitzer. Zugleich entstand in Rom eine Schicht von Städtern, die nicht mehr selbst ihre Güter bewirtschafteten, sondern nur hin und wieder auf dem Land nach dem Rechten sahen. Über den Bauernstand urteilten die Römer auch noch in späterer Zeit positiv; dies hat seine Wurzeln in einem Traditionsbewusstsein, das noch an die Tugenden der alten Zeit wie den *labor* und den einfachen Lebensstil ohne *luxuria* erinnerte.

Cicero beurteilt den Wert einzelner Berufe *(de officis 1, 150-151)*:

Ferner haben wir über die verschiedenen Erwerbszweige, welche als würdig für einen freien Mann und welche als niedrig zu gelten haben, etwa Folgendes als allgemeine Auffassung übernommen: Zunächst werden die Erwerbszweige gering geschätzt, die bei den Menschen auf Ablehnung stoßen, wie die der Zöllner und der Geldverleiher. Eines freien Mannes unwürdig und niedrig ist außerdem der Erwerb aller Tagelöhner, von denen Arbeitsleistung und nicht Fertigkeiten erkauft werden; denn bei ihnen ist der Lohn selbst ein Handgeld für ihre Dienstleistung. Als niedrig hat auch zu gelten, wer von Großhändlern kauft, was er sogleich wieder verkauft. Denn er könnte ja keinen Gewinn machen, ohne in hohem Maße zu betrügen; es gibt aber nichts Schändlicheres als Unehrlichkeit. Und alle Handwerker befassen sich mit einer niedrigen Tätigkeit; denn eine Werkstatt kann nichts haben, was eines freien Mannes würdig ist. Am wenigsten sind die Berufe zu billigen, die Dienerinnen von Genüssen sind: ‚Seefischhändler, Metzger, Köche, Geflügelmäster, Fischer', wie Terenz *(ein Komödiendichter)* sie nennt. Nimm nach Belieben dazu: Salbenhändler, Tänzer, … Von allen Dingen aber, durch die etwas erworben wird, ist nichts besser als die Landwirtschaft, nichts ergiebiger, nichts schöner, nichts eines Menschen, nichts eines Freien würdiger.

Grammatikwiederholung

perīculōsus (perīculum); studiōsus (studium); calamitōsus (calamitās); invidiōsus (invidia): Die im Text vorkommenden Adjektive mit dem Suffix -ōsus können jeweils von dem dir bekannten eingeklammerten Substantiv abgeleitet werden. Bestimme ebenso die Bedeutung von:
cōpiōsus (cōpia) – dolōrōsus (dolor) – fābulōsus (fābula) – flāgitiōsus (flāgitium) – frūctuōsus (frūctus) – furiōsus (furor) – glōriōsus (glōria) – labōriōsus (labor) – lacrimōsus (lacrima) – libīdinōsus (libīdō) – negōtiōsus (negōtium) – numerōsus (numerus) – officiōsus (officium) – onerōsus (onus) – operōsus (opera) – ōtiōsus (ōtium) – pecūniōsus (pecūnia) – religiōsus (religiō) – suspīciōsus (suspīciō).

5. Frauenleben auf dem Land

Cato (De agricultura, 143, 1–3) gibt dem Verwalter Anweisungen für den Umgang mit seiner Frau:

Vilicae quae sunt officia, curato, faciat.
Si eam tibi dederit dominus uxorem,
ea esto contentus.
Ea te metuat facito.
5 Ne nimium luxuriosa siet.
Vicinas aliasque mulieres
quam minimum utatur
neve domum neve ad sese recipiat.
Ad cenam nequo eat neve ambulatrix siet.
10 Rem divinam ni faciat neve mandet,
qui pro ea faciat,
iniussu domini aut dominae.
Scito dominum pro tota familia rem divinam facere.
Munda siet;
15 villam conversam mundeque habeat:
focum purum, circum versum cotidie,
priusquam cubitum eat, habeat.

Kalendis, idibus, nonis,
festus dies cum erit,
20 coronam in focum indat,
per eosdemque dies lari familiari
pro copia supplicet.

Cibum tibi et familiae curet,
uti coctum habeat.

25 Gallinas multas et ova uti habeat;
pira arida, sorba, ficos, uvas passas,
sorba in sapa et pira et uvas in doliis
et mala strutea;

---

vīlica: Frau des Landgutverwalters
vīlicus: Gutsverwalter
cūrātō, estō, facitō, scītō: *Imperative; übersetze:* du sollst …
cūrāre + *Konj.*: dafür sorgen, dass
faciat: *Subjekt* vīlica
facere + *Konj.*: machen, dass
luxuriōsus: verschwenderisch
siet = sit
vīcīna: Nachbarin
ūtī: *hier mit Akk.:* Umgang haben mit
sēsē: *verstärktes* sē
nēquō *Adv.*: nirgendwohin
ambulātrīx, īcis *f.*: Herumtreiberin
nī – nēve: weder – noch
iniussū: ohne Befehl
mundus: reinlich
conversus: sauber ausgefegt
focus: Feuerstätte, Herd
pūrus: rein, sauber
circum: *hier Adv.:* ringsum
versus: gefegt
cot(t)īdiē *Adv.:* täglich
cubitum īre: schlafen gehen
Kalendīs, Īdibus, Nōnis: an den Kalenden, Iden, Nonen; *der erste Tag eines Monats hieß* Kalendae, *der 5. oder (je nach Monat) 7. Tag* Nōnae, *der 13. bzw. 15. Tag* Īdūs.
fēstus: festlich, feierlich
cōrōna: Kranz
indere: darauf legen
lār (lāris) familiāris, e *m.*: Hausgott, Schutzgott des Hauses
cōpia: *hier:* Ernte
supplicāre: beten
cibus: Essen
utī = ut
coctum habēre: gekocht haben
cibum … habeat: *stelle um:* cūret, ut cibum tibi et familiae coctum habeat
gallīna: Huhn
ōvum: Ei
utī: *erg. davor:* cūret
pira arīda, ōrum *n.:* gedörrte Birnen
sorbum: Vogelbeere; *pflaumengroße, gelbe Früchte*
ficus, i *f.:* Feige
ūvae passae, ārum *f.:* getrocknete Weintrauben, Rosinen
sapa: Saft, Most
dōlium: Fass
māla strūtea, ōrum *n.:* Sperlingsäpfel; *kleinere Quitten*

uvas in vinaciis et in urceis in terra obrutas

30 et nuces praenestinas recentes

in urceo in terra obrutas habeat.

Mala scantiana in doliis

et alia, quae condi solent,

et silvatica,

35 haec omnia quotannis diligenter uti condita habeat.

Farinam bonam et far suptile sciat facere.

vīnācius: Weinbeerhülsen; *nach Auspressen der Maische von Trauben und Obst blieben Rückstände, die Trester; darin wurden Trauben aufbewahrt*
urceus: Krug
obruere, ruī, rutum: zudecken, eingraben
nucēs praenestīnae: Nüsse aus Praeneste *(in Latium)*
māla scantiāna, ōrum *n.*: Äpfel aus Kampanien
condere: *hier:* aufbewahren, einmachen
silvāticus: wild wachsend
quotannīs *Adv.*: jedes Jahr
farīna: Mehl
far, farris *n.*: Dinkelschrot
suptīlis, e: fein

Abb. 4: Eingegrabene Dolia in der Villa Boscoreale, beim Vesuvausbruch zerstört

1 (a) Nenne die Aufgaben der Verwalterin. – (b) Arbeite die Bereiche heraus, auf die sich die Verbote beziehen.

2 Beschreibe das Verhältnis zwischen Hausherr und Verwalter/Verwalterin sowie zwischen dem Verwalter und seiner Frau.

3 Vergleiche, ausgehend von den genannten Nahrungsmitteln, diese Lebensweise mit unserer.

Grammatikwiederholung

A Stelle aus Text 5 die Prädikate der Hauptsätze, die im Konjunktiv stehen, zusammen und nenne deren Funktion.

B Übersetze folgende kurze Sätze und gib jeweils die Konjunktivfunktion an: Vilica: „Quid faciam?" – Vilicus et vilica: „Cibum curemus!" – Vilicus et vilica: „Dominus contentus sit!" – Vilicus: „Ne dominus servum vendat!" – Vilicus: „Ne servum vendideris, domine! Te crudelem esse dicat quis".

C Erarbeite, ausgehend von den Beispielen aus A und B, eine Übersicht über die Konjunktivfunktionen im Hauptsatz und stelle diese deinen Mitschülerinnen und Mitschülern vor.

6. Frauenleben in der Stadt

Der Historiker Sallust berichtet (Catilina 25) von einer adligen Frau, die sich dem Kreis der Verschwörer um Catilina (63 v. Chr.), die einen Staatsstreich planten, angeschlossen hat.

Sed in iis erat Sempronia,
quae multa saepe virilis audaciae facinora conmiserat.
Haec mulier genere atque forma,
praeterea viro, liberis
5 satis fortunata fuit;

litteris Graecis, Latinis docta, psallere,
saltare elegantius quam necesse est probae,
multa alia,
quae instrumenta luxuriae sunt.

10 Sed ei cariora semper omnia
quam decus atque pudicitia fuit;
pecuniae an famae minus parceret,
haud facile discerneres;
lubido sic adcensa,
15 ut saepius peteret viros quam peteretur.

Sed ea saepe antehac fidem prodiderat,
creditum abiuraverat,
caedis conscia fuerat:
luxuria atque inopia praeceps abierat.

20 Verum ingenium eius haud absurdum:
posse versus facere,

iocum movere,
sermone uti vel modesto vel molli vel procaci;
prorsus multae facetiae multusque lepos inerat.

Glossar:

in iīs: *gemeint sind die Verschwörer*
virīlis, e: männlich
conmīserat = commīserat
fortūnātus: vom Glück begünstigt, gesegnet
docta: *hiervon hängen ab: 1. Die Ablative* litterīs Graecīs, Latīnīs: gelehrt in …, *2. Die Infinitive* psallere, saltāre: darin gelehrt, zu …, *3. Die Akkusative* multa alia: gelehrt in …
psallere: musizieren
saltāre: tanzen
ēlegāns, antis: kunstvoll, schön
probus: rechtschaffen, anständig
probae: *erg.* fēminae
īnstrūmentum: Werkzeug, Mittel
luxuria: Genusssucht, Luxusleben
decus, oris *n.*: 1. Schmuck, Zierde 2. Ehre, Anstand
pudīcitia: Schamgefühl
… an: *Doppelfrage*: ob … oder
discernere, crēvī, crētum: unterscheiden, entscheiden
discernerēs: *Potentialis der Vergangenheit*: man hätte entscheiden können
lubīdō = libīdō
adcēnsus: entflammt, enthemmt
antehāc *Adv.*: zuvor
fidem prōdere: sein Wort brechen
crēditum abiūrāre: ein *(in Wirklichkeit erhaltenes)* Darlehen eidlich abstreiten
cōnscia: Mittwisserin
praeceps abīre: auf die schiefe Bahn kommen
vērus: wahr, wirklich
absurdus: unbegabt, schlecht
posse: *erzählender Infinitiv, als Indikativ zu übersetzen*
versūs facere: dichten

iocum movēre: sich humorvoll unterhalten
modestus: maßvoll, zurückhaltend
procāx, ācis: frech, zügellos
prōrsus *Adv.*: kurzum
facētiae, ārum *f.*: Humor
lepōs, ōris *m.*: Charme
inest alicui: es wohnt jdm. inne, jd. hat

1 (a) Nenne die Eigenschaften, Fähigkeiten und Taten Sempronias. – (b) Arbeite heraus, wie Sallust jeweils über diese urteilt. Zitiere dabei auch lateinisch.

2 (a) Werte den Text als historische Quelle aus: Beschreibe die Lebensweise Sempronias und zeige, wie eine Frau der Oberschicht in Rom im 1. Jhd. v.Chr. offenbar leben konnte. – (b) Vergleiche damit das Leben einer einfachen Frau auf dem Land um 200 v.Chr. (Text 5). – (c) Lies den Zusatztext und vergleiche das Leben einer Frau aus der Oberschicht mit der gesellschaftlichen Wirklichkeit, in der die Mehrzahl der Frauen in Rom lebte.

3 (a) Beschreibe das Bild der jungen Frau aus Pompeji. – (b) Interpretiere das Bild: Warum hat sie sich in dieser Pose darstellen lassen?

Abb. 5: Junge Frau aus Pompeji (um 50 n.Chr.)

Frauenberufe

Überliefert sind 103 Frauenberufe. Es werden genannt: Ammen und Hebammen, Ärztinnen, Erzieherinnen, Friseurinnen, Kosmetikerinnen, Verkäuferinnen (Wein, Öl, Obst, Gemüse, Fisch, Flaschen, Leinen, Spiegel, Juwelen, Purpurkleidung, Seide, Parfüm). Im Bereich des Handwerks waren Frauen vor allem im Textilgewerbe tätig. Selten begegnen Frauen in akademischen und künstlerischen Berufen; nur hier und da sind Juristinnen, Malerinnen, Dichterinnen oder Philosophinnen genannt. Viele Frauen finden sich hingegen im Unterhaltungsbereich: Schauspielerinnen, Musikantinnen, Sängerinnen, Tänzerinnen, sogar Gladiatorinnen. Sie alle genossen einen ebenso schlechten Ruf wie der gesamte Gastronomiebereich; die Wirtin war oft zugleich auch Prostituierte.

Grammatikwiederholung

A Schreibe alle Ablativformen aus dem Text und gib jeweils den Nominativ Singular an.

B Gib die semantische Funktion der im Text vorkommenden Ausdrücke im Ablativ an.

C (a) Erörtere die semantische Funktion der im Text vorkommenden Ausdrücke im Ablativ und diskutiere verschiedene Möglichkeiten der Einordnung. – (b) Gib ferner die semantische Funktion des Genitivs in Zeile 2 sowie des Dativs in Zeile 7 an.

7. Sklavenarbeit in einer Mühle

Apuleius (2. Jahrhundert nach Christus aus Nordafrika) beschreibt in seinem Roman „Metamorphosen oder: Der goldene Esel" die Reisen des Lucius aus Korinth. Unterwegs kommt dieser zu einer Mühle, wo er die Arbeit der Sklaven beobachtet (Metamorphosen 9, 12).

Di boni!
Quales illic homunculi:

vibicibus lividis totam cutem depicti
dorsumque plagosum
5 scissili centunculo magis inumbrati quam obtecti;

nonnulli
exiguo tegili tantummodo pubem iniecti;

Abb. 6: Sklavenplakette
Halte mich auf, damit ich nicht fliehe, und führe mich zu meinem Herrn Viventius zurück, beim Altar des Callistus.

cuncti
tamen sic tunicati,
10 ut essent per pannulos manifesti,
frontes litterati
et capillum semirasi
et pedes anulati;
tum lurore deformes
15 et fumosis tenebris vaporosae caliginis
palpebras adesi
atque adeo male luminati
et in modum pugilum,
qui pulvisculo perspersi dimicant,
20 farinulenta cinere sordide candidati.

---

dī = deī
illīc *Adv.*: dort
homunculus: armseliger Mensch, armseliges Geschöpf
vībīx, īcis *f.*: Strieme, Schwiele
līvidus: blau
cutis, is *f.*: Haut
dēpictus: gezeichnet
dorsum: Rücken
plāgōsus: zerschlagen
scissilis, e: zerrissen
centunculus: Fetzen
inumbrātus: verschleiert
obtēctus: bedeckt
exiguus: klein, kurz
tegīle, is *n.*: Lendenschurz
tantummodo *Adv.*: nur
pūbēs, is *f.*: die Scham
iniectus: bedeckt
tunicātus: mit einer Tunika bekleidet
pannulus: Lumpen
manifestus: deutlich zu erkennen
frōns, frontis *f.*: Stirn
litterātus: mit Buchstaben markiert
capillus: Haar
sēmirāsus: halb geschoren
ānulātus: mit Ketten versehen
lūror, ōris *m.*: Leichenblässe
dēfōrmis, e: entstellt
fūmōsus: voll Staub
tenebrae, ārum *f.*: Dunkelheit
vapōrōsus: heiß
cālīgō, inis *f.*: Dunst
palpebrae, ārum *f.*: Augenlider
adēsus: entzündet
lūminātus: mit Augenlicht versehen
in modum + *Gen.*: nach Art von
pugil, ilis *m.*: Boxer
pulvisculus: feiner Staub
perspersus: bedeckt
dīmicāre: kämpfen
farīnulentus: mehlig, Mehl-
cinis, neris *f.*: Asche, Staub
sordidus: schmutzig
candidātus: weiß

1 Zitiere die lateinischen Ausdrücke, die die gesundheitlichen Schäden und die schlechte Behandlung der Sklaven durch ihre Herren bezeichnen.

2 Beschreibe den Stil des Textabschnitts und deute die Wirkung der stilistischen Besonderheiten.

3 (a) Lies den Informationstext über die Bedeutung der Sklaven für die antike Wirtschaft und die rechtliche Stellung der Sklaven. – (b) Deute die abgebildete Sklavenplakette. – (c) Recherchiere über Sklaverei und Sklavenhandel zu Beginn der Neuzeit. – (d) Suche Informationen über Menschen, die auch heute unter vergleichbaren sklavischen Bedingungen ihr Leben fristen.

Sklaven in der antiken Wirtschaft

Die antike Wirtschaft basierte in großem Umfang auf der Arbeitskraft der Sklaven, denn Lohnarbeit genoss wenig Ansehen und wurde daher von Angehörigen höherer Schichten gemieden. Man nimmt im Allgemeinen an, dass zwischen 100 v.Chr. und 100 n.Chr. etwa ein bis zwei Millionen Sklaven – bei ca. fünf bis sechs Millionen Freien und Bürgern – in Italien lebten. Die meisten Sklaven arbeiteten in Handwerksbetrieben. In Familien der Oberschicht lebten Dutzende von Sklaven, ja es wird sogar von mehreren hundert Sklaven berichtet; dem Haushalt einer Mittelschichtfamilie gehörten etwa ein bis drei Sklaven an. Dabei waren die realen Lebensverhältnisse sehr unterschiedlich: In der Kaiserzeit konnten Sklaven hohe Stellungen am Hof erlangen; Sklaven in einem reichen Haus ging es besser als vielen freien Bauern, weitaus schlechter lebten dagegen Sklaven auf den Landgütern, in Bergwerken oder gar als Ruderer auf Galeeren. Sklaven, die in Mühlen und Bergwerken arbeiteten, hatten infolge unerträglicher Arbeitsbedingungen nur eine geringe Lebenserwartung.

Trotz alledem wurde die Sklaverei von der römischen Gesellschaft nicht in Frage gestellt. Juristisch betrachtet waren Sklaven eine Ware und gehörten zum Eigentum ihres Herrn. Viele Herren lebten in Angst vor einem Anschlag durch die Sklaven. Der Historiker Tacitus (gestorben um 120 n.Chr.) berichtet (Annales 14, 42–45) von einem solchen Mordfall: Der Täter, ein Sklave, habe die Tat begangen, weil sein Herr ihm die Freilassung verweigert habe. Wie in einem solchen Fall üblich, sollten alle Sklaven, die unter demselben Dach wohnten, hingerichtet werden. Die Hinrichtung aller 400 Sklaven des Hauses wurde vollzogen, freilich erst, als man die Straße, auf der man die Verurteilten abführte, gegen das empörte Volk abgesperrt hatte.

Grammatikwiederholung

A/B Zitiere aus dem Text alle Partizipien und deren Bezugswörter. Beschreibe die Übersetzungsvariante, die dir bei diesem Text als die beste erscheint.

C Wiederhole die verschiedenen Verwendungsformen von Partizipien (attributiv, als participium coniunctum, im Abl. Abs.) und überlege, welche Übersetzungsvariante du einem Nachhilfeschüler jeweils empfehlen würdest. Formuliere hierfür kurze lateinische Beispiele.

8. Sklavenleben auf dem Land

In seinem Handbuch „Über die Landwirtschaft" empfiehlt Columella (1. Jh. n. Chr.) dem Land-
wirt, bei der Auswahl der Sklaven sorgfältig vorzugehen (De re rustica, 1, 8, 1–2).

Praemoneo, ne vilicum ex eo genere servorum,
qui corpore placuerunt,
instituamus,
ne ex eo quidem ordine,
5 qui urbanas ac delicatas artis exercuerit.
Socors et somniculosum genus id mancupiorum,
otiis, campo, circo,
theatris, aleae,
popinae, lupanaribus consuetum,
10 numquam non easdem ineptias somniat;

quas cum in agri culturam transtulerit,
non tantum in ipso servo
quantum in universa re detrimenti dominus capit.
Eligendus est rusticis operibus
15 ab infante duratus
et inspectus experimentis.

praemonēre, nē + *Konj.*: zunächst
davor warnen, dass
urbānus: großstädtisch
dēlicātus: verwöhnt, verweichlicht
artīs = artēs
ars: *hier*: Gewohnheit, Lebensstil
socors, cordis: schlaff, träge
somniculōsus: verschlafen
mancupium = mancipium
mancipium: Sklave
campus: *hier*: Sportplatz
ālea: Würfel(spiel)
popīna: Kneipe
lupānar, āris *n.*: Bordell
cōnsuētus + *Dat.*: gewöhnt an
ineptiae, ārum *f.*: Blödsinn
somniāre + *Akk.*: träumen von
trānsferre, ferō, tulī, lātum:
hinüberbringen, übertragen
cultūra: Bearbeitung, Pflege
tantum dētrīmentī *(Gen. Partitivus)*
capere: so viel Schaden erleiden
dētrīmentum: Verlust, Schaden
ēligere, ēlēgī, ēlēctum: auswählen
rūsticus: 1. *Subst.* Bauer 2. *Adj.*
ländlich, Land-, Feld-
īnfāns, antis: kleines Kind
ab īnfante: von Kindheit an
dūrāre: abhärten
īnspicere, iō, spexī, spectum:
betrachten, prüfen
experīmentum: Versuch, Probe,
Erfahrung

1 Zitiere lateinisch die Formulierungen, mit denen Columella das Leben der Sklaven in
der Stadt beschreibt.

2 Arbeite aus dem Text heraus, worauf es Columella bei der Landarbeit ankommt.

3 Zeige, dass Columella den Sklaven als Sache *(res)* betrachtet.

4 (a) Beschreibe das Verhältnis Martials zu Demetrius (s. das Grabepigramm). – (b) Vergleiche Martials Einstellung zu seinem Sklaven mit Columellas Text.

5 Lies den Informationstext und erkläre, (a) warum Martial seinen Sklaven freiließ – (b) welche
weiteren Gründe es für die Freilassung eines Sklaven gab – (c) welches Rechtsverhältnis der
Begriff „Schutzherr"*(patronus)* beschrieb – (d) welche Konsequenzen eine Freilassung hatte.

Der Sklave Demetrius hatte für seinen Herrn, den Dichter Martial, als Schreiber gearbeitet. Martial widmet ihm ein Grabepigramm (Epigramme 1,101).

Jene Hand war einst die treue Helferin bei meiner Arbeit, sie brachte ihrem Herrn Glück und war dem Kaiserhaus bekannt. Dahingegangen ist Demetrius in der Blüte seiner jungen Jahre. Die vierte Ernte war den drei Lustren *(= Zeitraum von fünf Jahren)* hinzugefügt. Dass er dennoch nicht als Sklave zu den stygischen Schatten hinabstieg, als die hinterhältige Krankheit ihn befiel und verzehrte, dafür habe ich gesorgt und habe auf jedes Herrenrecht dem Kranken gegenüber verzichtet. Er wäre es würdig gewesen, durch mein Geschenk wieder gesund zu werden. Gespürt hat er sterbend seine Belohnung und nannte mich Schutzherrn, um frei zu den Wassern der Unterwelt zu gehen.

Freilassung

Manumissio (Freilassung) bedeutete juristisch, den Sklaven von einer Sache zu einer Person zu machen. Der Freigelassene wurde somit römischer Bürger, war aber einem Freigeborenen nicht völlig gleichgestellt. Der Freigelassene hatte z.B. das Recht, eine Ehe einzugehen, während Sklaven nur im Konkubinat, einer Lebensgemeinschaft ohne formelle Eheschließung, leben konnten. Die Freigelassenen wohnten zwar meist nicht mehr im Haus ihres Herrn, sie hatten aber regelmäßig zur frühen Morgenstunde ihre Aufwartung bei ihrem ehemaligen Herrn, dem *patronus*, zu machen. Sie waren zu dessen Unterstützung, z.B. bei Wahlen, verpflichtet und hatten Gehorsam zu leisten. Wenn ein Sklave dem Tod nahe war, wurde er oft freigelassen, damit er ein Anrecht auf die Grabstätte eines freien Mannes hatte. Ein anderer, häufiger Grund war ein finanzielles Arrangement zwischen dem Herrn und dem Sklaven: Der Sklave erkaufte sich die Freiheit. Freigelassene waren oft Handwerker, Kaufleute und Händler und gelangten dabei manchmal zu großem Reichtum. Der Arztberuf wurde ebenfalls häufig von Freigelassenen ausgeübt; eine Grabinschrift berichtet uns von einem Chirurgen, der für seine Freilassung 50 000 Sesterzen bezahlte (CIL XI 5400).

Grammatikwiederholung

A Übersetze: servus eligendus est (vgl. Zeile 14) – servus domino eligendus est – servus durandus est – servus domino durandus est – servo laborandum est – vilicus instituendus est – vilicus domino instituendus est – servus in agri culturam transferendus est – ager servo colendus est.

B Übersetze: in servo eligendo – in vilico instituendo – liber de agro colendo – detrimentum ei non capiendum est – in detrimentis capiendis – patronus salutandus est – patronus libertino (libertinus = Freigelassener) salutandus est.

C Übersetze: Wir müssen den Verwalter sorgfältig auswählen; denn das Landhaus des Herrn darf keinen Schaden erleiden. Deshalb darf man keinen Sklaven aus der Stadt wählen, sondern einen, der in der Landwirtschaft abgehärtet ist.

9. Leben in der Großstadt Rom

Der römische Philosoph Seneca (1. Jhd. n. Chr.) wurde nach Korsika verbannt. Mit einer Trost-schrift möchte er den Schmerz, den seine Mutter über die Trennung von ihrem Sohn empfand, lindern. Darin schreibt er über die Stadt Rom (Ad matrem Helviam de consolatione 6, 2–3):

Aspice hanc frequentiam,
cui vix urbis immensae tecta sufficiunt!
Maxima pars istius turbae patria caret.
Ex municipiis et coloniis suis,
5 ex toto denique orbe terrarum confluxerunt:

Alios adduxit ambitio,
alios necessitas officii publici,
alios inposita legatio,
alios luxuria
10 opportunum et opulentum vitiis locum quaerens,
alios liberalium studiorum cupiditas,
alios spectacula;
quosdam traxit amicitia,
quosdam industria
15 laxam ostendendae virtuti nancta materiam;
quidam venalem formam attulerunt,
quidam venalem eloquentiam.
Nullum non hominum genus
concurrit in urbem
20 et virtutibus et vitiis magna pretia ponentem.
Iube istos omnes ad nomen citari
et, unde domo quisque sit, quaere!
Videbis maiorem partem esse,
quae
25 relictis sedibus suis
venerit in maximam quidem ac pulcherrimam urbem,
non tamen suam.

frequentia: Menschenmenge
immēnsus: riesig
sufficere, iō: genügen, ausreichen
mūnicipium: Landstadt; *ehemals selbstständige Stadt mit beschränktem römischem Bürgerrecht. Im Gegensatz zum* mūnicipium *wurde eine* colōnia: Kolonie *von römischen Bauern und Veteranen gegründet und besiedelt.*
cōnfluere, flūxī: zusammenströmen
ambitiō, ōnis f.: Ehrgeiz
necessitās, ātis f.: Notwendigkeit
inposita = imposita
opulentus: reich

līberālis, e: eines freien Mannes würdig
studia līberālia: die eines freien Mannes würdigen Studien; die höhere Bildung
spectāculum: Schauspiel
industria: Fleiß, Tatkraft
industria … māteriam: der Fleiß, der hier ein weites Feld erlangt hat, um persönliche Leistung zu zeigen
vēnālis, e: käuflich
ēloquentia: Beredsamkeit
concurrere, currī: zusammenlaufen, zusammenströmen
pretium pōnere alicui reī: für etw. den Preis bestimmen
ad nōmen citāre: namentlich aufrufen

1 Gliedere den Text anhand formaler Beobachtungen (z.B. Wechsel des Subjekts, der Anrede, Stilmittel, …).

2 (a) Stelle die Gründe zusammen, aus denen die verschiedenen Personengruppen nach Rom kommen. – (b) Nenne Gründe, warum heute Menschen nach Rom reisen. – (c) Vergleiche und deute die Ergebnisse aus (a) und (b).

3 Beschreibe das Rombild, das Seneca hier entwirft, und deute es unter dem Gesichtspunkt, dass er damit ein bestimmtes Ziel verfolgte (s. Einleitung zu Text 9).

4 (a) Lies den Informationstext über das antike Rom und überlege, warum wohl so viele Menschen nach Rom gezogen sind? – (b) Vergleiche die Ergebnisse aus (a) mit den Gründen, die heute zu großem Zustrom in die so genannten Megastädte führen.

Die Stadt Rom in der Antike

Die Einwohnerzahl Roms wuchs nach der Gründung im 8. Jhd. v. Chr. schnell. Für das 3. Jhd. v. Chr. hat man eine Zahl von etwa 90 000 Einwohnern, die in der Stadt selbst lebten, berechnet. Durch die Kriege im 2. Jhd. v. Chr. nahm die Zahl der Sklaven stark zu, sodass gegen Ende des 2. Jhd. v. Chr. Rom mindestens 200 000 Einwohner zählte. In der frühen Kaiserzeit, also zur Zeit Senecas (1. Jhd. n. Chr.), sollen in Rom etwa 1 bis 1,2 Millionen Menschen gewohnt haben.

Der Dichter Juvenal beschreibt in satirischer Übertreibung an vielen Stellen seines Werkes die Stadt Rom in der frühen Kaiserzeit: Wer in Rom schlafen wolle, brauche viel Geld. Denn die Mietshäuser ließen keinen Schlaf zu. In ihnen wohne man stets in Furcht vor Brand und Einsturz; sie seien nur auf dünne Fundamente gebaut, die Risse in den Wänden würden einfach zugeschmiert. Opfer seien die Ärmsten: Sie, die ihre Behausung unter dem Dach mit den Tauben teilten, würden bei einem Brand ihre geringe Habe verlieren.

Auch im Straßenverkehr gebe es zwei Klassen: Der Reiche lasse sich in der Sänfte durch das Gedränge tragen, der Arme mache sich die Beine schmutzig und werde vom Holm der Sänften gestoßen. Breche einmal die Achse eines Wagens unter der Last der Marmorblöcke, würden die Passanten darunter begraben und es bleibe von ihnen nicht viel übrig.

Nachts würden die Straßen erst richtig gefährlich: Nicht nur Raufbolde zögen durch die Straßen und fingen Streit an, der stets mit einer Schlägerei ende, auch Gefahren von oben drohten. So könne man von verschiedenen Gefäßen, die die Anwohner einfach zum Fenster hinausschleuderten, getroffen werden. Wenn man Glück habe, treffe einen beim Gang zu einer Einladung nur der Inhalt des Nachttopfes *(nach Juvenal 3,190–304)*.

Grammatikwiederholung

A Übersetze folgende Abl. Abs.: relictis sedibus suis (vgl. Z. 25) – frequentia aspecta – luxuria quaesita – forma allata – legatione imposita – magnis pretiis positis.

B Übersetze und bestimme die Funktion des Partizips: Frequentiam aspicienti urbs maxima esse videtur. Homines ex toto orbe confluentes multis de causis in urbem concurrunt. Ambitione aut cupiditate studiorum aut luxuria adducti sedibus relictis patriam novam quaerunt. Istis omnibus iussis ad nomen citari neminem in urbe sua esse cognosces.

C Verwandle die Partizipialkonstruktionen in B jeweils in einen lateinischen Gliedsatz.

10. Freizeit: Im Bad – nicht nur zum Baden

Seneca berichtet in den Epistulae morales, 56,1, vom Treiben in den Thermen.

Ecce undique me varius clamor circumsonat:
Supra ipsum balneum habito.
Propone nunc tibi omnia genera vocum,
quae in odium possunt aures adducere:
5 Cum fortiores exercentur
et manus plumbo graves iactant,
cum aut laborant aut laborantem imitantur,
gemitus audio,
quotiens retentum spiritum remiserunt,
10 sibilos et acerbissimas respirationes;
cum in aliquem inertem et
hac plebeia unctione contentum incidi,

audio crepitum inlisae manus umeris,
quae,
15 prout plana pervenit aut concava,
ita sonum mutat.
Si vero pilicrepus supervenit,
et numerare coepit pilas,
actum est.

circumsonāre: umtönen
balneum: Bad

plumbum: Blei

imitārī: nachahmen
gemitus, ūs *m.*: Stöhnen
quotiēns: sooft (wie)
spīritus, ūs *m.*: Hauch, Atem
sībilus: Zischen
respīrātiō, ōnis *f.*: Atemholen
iners, ertis: träge, faul
plēbēius: plebejisch, primitiv
ūnctiō, ōnis *f.*: Einsalben
incidere, cidī in aliquem: an jdn.
geraten, auf jdn. treffen
crepitus, ūs *m.*: Klatschen
inlīdere, līsī, līsum alicui reī: auf etw.
schlagen
umerus: Schulter
prout: je nachdem ob
plānus: flach
concavus: hohl
sonus: Geräusch, Ton
pilicrepus: Ballspieler
supervenīre: dazukommen
numerāre: zählen
pila: Ball
numerāre coepit pilās: *ein Ballspiel, bei
dem der Ball nicht den Boden berühren
durfte; gezählt wurden die Bälle, die auf
den Boden kamen.*
āctum est: es ist geschehen, es ist aus

Abb. 7: Caracalla-Thermen in Rom
Die riesige Anlage (ca. 340 x 330 m) nahm bis zu 2000 Besucher am Tag auf. Lizenz Freie Kunst

1 (a) Nenne die verschiedenen Situationen, die Seneca dem Leser vor Augen führt. – (b) Beschreibe die sprachlichen und inhaltlichen Mittel, mit denen die Schilderung lebendig wird.

2 Erläutere die Funktionen, die das Bad nach diesem Text erfüllt und ziehe den Informationstext hinzu. – (b) Vergleiche die römischen Bäder mit heutigen.

Römische Bäder

Während in alter römischer Zeit ein Vollbad nur alle neun Tage (an Markttagen) genommen wurde, entstanden seit dem 2. Jhd. v. Chr. viele Badeanlagen. Als die öffentlichen Bäder florierten, legten auch private Unternehmer ihr Kapital im Bau von Badeanlagen an. Der Eintritt war billig, Kinder mussten meist nichts bezahlen. Die Zahl der Bäder nahm ständig zu: Für das Jahr 33 v. Chr. werden 170 Badeanstalten überliefert, für das 4. Jhd. n. Chr. 1000. An manchen Orten gab es getrennte Frauen- und Männerbäder oder unterschiedliche Badezeiten. Es wird aber auch berichtet, dass das Verbot des gemeinsamen Badens missachtet wurde.

In der Kaiserzeit entstanden prunkvolle Badeanlagen, deren Besuch für jedermann, auch für Sklaven, möglich war. Der Popularitätszuwachs, der sich durch den Bau von Thermen ergab, bewegte viele Kaiser, für ihr Volk immer größere und prächtigere Anlagen zu bauen.

Tausende Römer gingen jeden Tag in die Thermen, die Kommunikations- und Unterhaltungszentrum zugleich waren. Hier traf man sich mit dem Nachbarn zum Klatsch, aber auch zur Verabredung von Geschäften.

Neben den im Text erwähnten Angeboten der Badeanlagen gehörten zu den großen Thermen Bibliotheken und Vortragsräume; auch Arztpraxen waren vielerorts vertreten, besonders in Heilbädern, zu denen auch heute noch bekannte Kurbäder gehören wie z. B. Baden-Baden und Badenweiler. Natürlich fehlten auch Latrinen nicht.

Die Badeanstalten öffneten etwa ab der achten Stunde, also am frühen Nachmittag, und schlossen bei Einbruch der Dunkelheit. Die wohlhabenden Römer badeten gern vor der Hauptmahlzeit, der *cena*.

Der Energieverbrauch der Bäder war erheblich: Das benötigte Holz wurde zunehmend nicht nur aus Italien, sondern auch aus Afrika herbeigeschafft.

Grammatikwiederholung

A Übersetze: (a) Cum viri fortes exercentur, gemitus audio. – (b) Cum in balneum venio, clamor hominum me vexat. – (c) Cum clamor hominum me vexet, in balneum eo. (d) Nunc, cum in balneum intro, lactus sum. – (e) Balneum non visito, cum clamor me vexet. – (f) Cum in balneo clamor hominum magnus sit, domi silentium (= Stille) me delectat. – (g) Cum aegrotus (= krank) essem, medicum (medicus: Arzt) in balneo adii. – (h) In balneo silentium erat, cum pilicrepus intravit.

B/C Gib jeweils die semantische Funktion der cum-Sätze in A an. Erstelle eine Übersicht über die Bedeutung von cum mit Indikativ und Konjunktiv und die jeweilige semantische Funktion.

11. Freizeit: „Mittagspause" im Amphitheater

Seneca, Epistulae morales (7,34) berichtet aus dem Amphitheater.

Casu in meridianum spectaculum incidi,
lusus expectans et sales et aliquid laxamenti,
quo hominum oculi ab humano cruore adquiescant.
Contra est:
5 Quidquid ante pugnatum est,
misericordia fuit;
nunc omissis nugis mera homicidia sunt.
Nihil habent, quo tegantur;
ad ictum totis corporibus expositi
10 numquam frustra manum mittunt.

Abb. 8: Das Kolosseum, Photo by DAVID ILIFF.
License: CC-BY-SA 3.0"

Hoc plerique
ordinariis paribus et postulaticiis praeferunt.
Quidni praeferant?
Non galea, non scuto repellitur ferrum.
15 Quo munimenta?
Quo artes?
Omnia ista mortis morae sunt.
Mane leonibus et ursis homines,
meridie spectatoribus suis obiciuntur.
20 Interfectores interfecturis iubent obici
et victorem in aliam detinent caedem;
Exitus pugnantium mors est.
Ferro et igne res geritur.
Haec fiunt, dum vacat harena.

cāsū *Abl.*: zufällig
merīdiānus: am Mittag, Mittags-
lūsus, ūs *m.*: Spiel
expectāns = exspectāns
sāl, is *m.*: Salz, Witz, Spaß
laxāmentum: Erholung
cruor, ōris *m.*: Blutvergießen
adquiēscere: ausruhen
contrā: *hier.* ganz anders
ante = anteā
misericordia: Mitleid, Barmherzigkeit
omittere, mīsī, missum: aufgeben,
sein lassen
nūgae, ārum *f.*: Scherz, Spaß
merus: rein
homicīdium: Mord
ictus, ūs *m.*: Schlag, Hieb
expositus: ausgesetzt, preisgegeben
manum mittere: ausholen, zuschlagen
ōrdinārius: regulär, normal;
Gladiatoren, die mit regulären Waffen
kämpften
pār, ris *m.*: Kampfpaar, Gegner
postulātīcius: Publikumsliebling
praeferre, ferō, tulī, lātum:
1. vorantragen 2. vorziehen
quidnī: warum nicht?
galea: Helm
scūtum: Schild
repellere, reppulī, repulsum:
zurückstoßen, abwehren
quō: wozu?
mūnīmentum: Schutz
māne *Adv.*: morgens
leō, ōnis: Löwe
ursus: Bär
merīdiēs, ēī *m.*: Mittag
spectātor, ōris *m.*: Zuschauer
interfector, ōris *m.*: Mörder
iubent: *Subjekt:* die Zuschauer
dētinēre: bewahren, am Leben lassen
exitus, ūs *m.*: Schluss, Ende
ferrō et īgne: *die Gladiatoren wurden so*
zum Weiterkämpfen getrieben
vacāre: leer sein
(h)arēna: Sand, Kampfplatz

1 (a) Zitiere die lateinischen Formulierungen, mit denen Seneca seinen Abscheu gegenüber den Geschehnissen in der Arena zeigt. – (b) Untersuche den Text auf sprachliche und stilistische Besonderheiten und deren Wirkung.

2 Lies den Informationstext und suche nach einer Erklärung für die Einstellung der meisten Römer zu den Gladiatorenspielen.

Gladiatorenspiele

Seneca ist einer der wenigen Römer, die grundsätzliche Kritik an den Schaukämpfen übten. Für die weitaus meisten seiner Zeitgenossen waren die Spiele eine Selbstverständlichkeit. So lässt auch der Dichter Petron einen Gast seine Vorfreude auf die blutigen Spiele äußern *(Satyrica 45, 4–6)*:

„Denkt dran, in drei Tagen, am Feiertag, haben wir ein Spiel der Superklasse! Keine Profi-Gladiatoren, sondern Freiwillige *(ehemalige Gladiatoren)*. Unser Titus *(der Veranstalter der Spiele)* hat ein großes Herz und ist ein Draufgänger: Das oder jenes – etwas passiert sicher. In seinem Haus gehe ich ein und aus, er ist kein Schlappschwanz! Bestes Eisen wird er bringen, kein Kneifen, sondern eine rechte Metzelei auf der Bühne, dass es das Amphitheater sieht! Er hat's auch dick: Dreißig Mille sind ihm hinterlassen, sein Vater hat den Abgang gemacht, tut mir leid."

Erst die Christen lehnten die Gladiatorenspiele ab.

Grammatikwiederholung

A/B Substantive auf *-tor* (fem. *-trix*) bezeichnen denjenigen, der etwas tut, den „Täter", z.B. spectāre – spectātor (s. Zeile 20); interficere – interfector (Zeile 21).
Gib entsprechend die Bedeutung an von accūsātor (accūsāre) – aggressor (aggredī) – amātor (amāre) – audītor (audīre) – clāmātor (clāmāre) – conditor (condere) – cōnservātor (cōnservāre) – cūrātor (cūrāre) – dēfēnsor (dēfendere) – ēmptor (emere) – inventor (invenīre) – lēctor (legere) – monitor (monēre) – mōtor (movēre) – nārrātor (nārrāre) – praeceptor (praecipere) – rēctor (regere) – vector (vehī) – victor (vincere).
Von welcher Verbform aus wird das Substantiv durch Anhängen des Suffixes gebildet?

C Was bezeichnen Substantive auf *-ium* (z.B. gaudēre – gaudium), Substantive auf *-ia, -itia, -tās, -tūs, -tūdō* (z.B. superbia, iūstitia, lībertās, virtūs, servitūs, consuētūdō)?

12. Einladung zum Essen

Martial lädt den befreundeten Dichter Iulius Cerialis ein (Epigramme 11, 52)

Cenabis belle, Iuli Cerialis, apud me;
    condicio est melior si tibi nulla, veni.
Octavam poteris servare; lavabimur una:
    Scis, quam sint Stephani balnea iuncta mihi.

bellus: schön
octāvus: achter
octāvam: *erg.* hōram
ūnā *Adv.*: zusammen, gemeinsam
iūnctus: nahe gelegen

Und das gibt es bei Martial zum Essen:

Zuerst wird dir Lattich gereicht werden – er dient zur Anregung der Verdauung – und frisch geschnittene Lauchstreifen; dann gedörrte junge Thunfische, größer als dünne Stöcker *(Seefisch, ähnlich einer Makrele)*; aber Eier mit Rautenlaub *(aromatisches Gartenkraut)* sollen sie bedecken. Weitere Eier werden nicht fehlen, gewendet in feiner Asche, Käse, gedickt auf einem Herd des Velabrum *(das Velabrum lag am Aventin; dort wurden Speisen verkauft)* und Oliven, die die Kälte des Picenum *(Landschaft im östlichen Italien um Ancona, berühmt durch Öl und Obst)* erfahren haben.
Dies ist genug als Vorspeise. Du willst das andere noch hören?
Lügen werde ich, damit du kommst: Fisch, Muscheln, Saueuter
und fettes Geflügel vom Hof und aus dem Sumpf,
die auch Stella nur selten auf den Tisch zu bringen pflegt.
Mehr noch verspreche ich: Ich werde dir nichts vorlesen,
du darfst selbst uns in einem fort deine Werke „Giganten" vorlesen
oder deinen „Landbau", der dem ewigen Vergil *(berühmter Dichter der Aeneis und der Georgica –'Landbau')* sehr nahe kommt.

1 (a) Schreibe aus den Angaben des Textes eine Menükarte für das Dinner bei Martial. – (b) Kennzeichne den Punkt in der Menüabfolge, ab dem das Angebot des Martial nicht mehr ernst zu nehmen ist.

2 (a) Arbeite heraus, was – neben dem eigentlichen Essen – zu einer guten Cena gehörte. – (b) Beschreibe den Ton der Einladung.

3 (a) Vergleiche die tatsächlich von Martial angebotenen Gerichte mit denen, die er als „erlogen" bezeichnet. – (b) Vergleiche Martials Angebot mit den in Rom üblichen Speisen (s. Informationstext).

Essen und Trinken

Der Tagesablauf der Römer richtete sich nach der Sonne: Man stand mit Tagesanbruch auf, frühstückte nur wenig (Brot, Käse, Oliven) oder gar nicht und arbeitete bis etwa zur sechsten Stunde (ca. 12-13 Uhr). Eine kleine Mittagsmahlzeit *(prandium)* bestand wiederum meist aus Käse, Brot, Früchten und den Resten der Hauptmahlzeit vom vergangenen Tag. Danach wurde Siesta gehalten.

Die Hauptmahlzeit *(cena)* wurde ab ca. 17 Uhr eingenommen und konnte sich bei besonderen Anlässen auch einmal in den Abend hineinziehen. Das war aber nicht die Regel; ebenso wenig trifft die Vorstellung, Gelage hätten zum festen Tagesablauf der Römer gehört, die Realität.

Das Grundnahrungsmittel war *puls*, ein Dinkelmehlbrei, der in Wasser und Salz gekocht wurde. Ab dem 2. Jhd. v.Chr. kam Brot aus Weizenmehl hinzu. Billig war Gemüse wie Kohl, Erbsen, Bohnen, Linsen, Lauch und Zwiebeln. Fleisch kam bei einfachen Leuten – wenn überhaupt – nur bei besonderen Anlässen auf den Tisch, sofern sie einen besaßen; wer keine Küche hatte, besorgte sich etwas in den zahlreichen Garküchen. Wenn Fleisch gegessen wurde, bevorzugte man Schweinefleisch; als Delikatesse galten Innereien wie Leber, Euter oder die Gebärmutter junger Schweine. Rindfleisch wurde in Italien kaum verzehrt; anders jedoch in den Provinzen: In *Colonia Ulpia Traiana*, dem heutigen Xanten, stammen 80 bis 85% aller Haustierknochen, die man gefunden hat, vom Rind. Geflügel wie Gänse, Hühner, Enten, Fasanen, Pfauen, Täubchen wurde gemästet. Als Spezialität galten Flamingos, ferner Schnechühner, Schnepfen, Haselhühner, Wachteln und Krammetsvögel.

Zu den Grundnahrungsmitteln gehörte Wein, der sehr billig war und mit Wasser verdünnt getrunken wurde. Den durchschnittlichen Weinkonsum berechnete man für Rom auf etwa 1 Liter pro Kopf und Tag.

In allen Bevölkerungsschichten aß man mit der Hand; als einziges Besteck bei Tisch wurde der Löffel verwendet, Gabeln waren in römischer Zeit noch nicht bekannt. Nach originalen Rezepten aus dem Kochbuch des Apicius (3. oder 4. Jhd. n.Chr.) wird auch heute noch in einigen Restaurants gekocht: So kann man z.B. in Trier römische Speisen genießen.

Abb. 9: Garküche in Pompeji, Jensens, Wikimedia Commons

13. … bis zur Bahre

Trimalchio gibt Anweisung an seinen Freund, wie sein Grabmal aussehen soll (Petron, Satyrica 71, 5–8; 12)

„Quid dicis", inquit, „amice carissime?
Aedificas monumentum meum,
quemadmodum te iussi?

Valde te rogo,
5 ut secundum pedes statuae meae catellam pingas
et coronas et unguenta et Petraitis omnes pugnas,
ut mihi contingat
tuo beneficio post mortem vivere;
praeterea ut sint
10 in fronte pedes centum,
in agrum pedes ducenti.
Omne genus enim poma volo sint
circa cineres meos,
et vinearum largiter.
15 Valde enim falsum est
vivo quidem domos cultas esse,
non curari eas,
ubi diutius habitandum est.
Et ideo ante omnia adici volo:
20 'Hoc monumentum heredem non sequatur'.
Ceterum erit mihi curae,
ut testamento caveam,
ne mortuus iniuriam accipiam.
Praeponam enim unum ex libertis
25 sepulcro meo custodiae causa,
ne in monumentum meum populus cacatum currat.
Inscriptio quoque – vide diligenter –,
si haec satis idonea tibi videtur:
'C. Pompeius Trimalchio Maecenatianus hic requiescit.
30 Huic seviratus absenti decretus est.
Cum posset in omnibus decuriis Romae esse,
tamen noluit.
Pius, fortis, fidelis, ex parvo crevit.
Sestertium reliquit trecenties,
35 nec umquam philosophum audivit.
Vale: et tu'".

valdē *Adv.*: sehr
secundum + *Akk.*: unmittelbar an, vor
statua: Standbild, Statue
catella: Hündchen
pingere, pīnxī, pictum: malen, abbilden
corōnās: *als Zeichen des Sieges im Gladiatorenkampf*
unguentum: Salbe
Petraitēs, is *m.*: Petraites, *berühmter Gladiator*
omnēs pūgnās: *Trimalchio hat diese Kämpfe finanziert*
praetereā: *erg.* rogō
frōns, frontis *f.*: 1. Stirn 2. Stirnseite, Front
omne genus pōma: jede Art Obstbäume
volō + *Konj.*: ich, will, dass
circā + *Akk.*: um … herum
vīnea: Rebe
largiter *Adv.*: reichlich
vīvō: zu Lebzeiten
cultus: gepflegt
ideō *Adv.*: deshalb
adicere, iō, iēcī, iectum: hinzufügen
hērēs, ēdis *m.*: Erbe
sequī: *hier*: übergehen an
mortuus: tot
praepōnere, posuī, positum alicui reī: vor etw. stellen
lībertus: Freigelassener
sepulcrum: Grabmal
cūstōdia: Wache, Bewachung
cacāre: scheißen; cacātum (*Supinum*): zum Scheißen
īnscrīptiō, ōnis *f.*: Inschrift
requiēscere, quiēvī, quiētum: ruhen
sēvirātus, ūs *m.*: Sevirat; öffentliches Amt („Sechsmänner"), *die Sēvirī hatten die Aufgabe, die jährlichen Spiele vorzubereiten, wozu sie viel Geld aufwenden mussten.*
decuria: öffentliches Amt
fidēlis, e: treu
sēstertium trecentiēs: 30 Millionen Sesterzen

1 (a) Nenne die Besonderheiten, die das Grabmal Trimalchios nach seinem Wunsch auf-
weisen soll. – (b) Interpretiere seine Wünsche; berücksichtige dabei besonders die be-
absichtigte Wirkung auf die Passanten.

2 Charakterisiere Trimalchio (in der Darstellung des Petron).

3 Erläutere die Gründe, weshalb für Trimalchio und die Römer die Ausgestaltung des
Grabes und die Totenverehrung so wichtig waren; beziehe den Informationstext sowie die Abbildung mit ein.

Totenkult

„Hierher brachte einst der Sklave den Leichnam seines Freundes, der aus der engen
Zelle geworfen worden war, in einem billigen Kasten. Dies war für das arme Volk die
gemeinsame Ruhestätte, für den Tagedieb Pantolabus und den Nichtsnutz Nomenta-
nus; tausend Fuß in der Front, dreihundert in die Tiefe gab der Grenzstein hier an …“.
So beschreibt Horaz *(Satire 1, 8, 8–11)* den Friedhof auf dem Esquilin, wo man bei
Ausgrabungen 75 solcher Gruben gefunden hat, die auch Reste von Tierkadavern und
Müll enthielten. Nach festen Ritualen verliefen dagegen Bestattung und Totengeden-
ken der wohlhabenden Römer: Der Trauerzug wurde von Musikanten angeführt; es
folgten Klagefrauen, die den Toten betrauerten und zugleich sein Lob sangen. Auf den
folgenden Wagen trugen Personen Wachsmasken der Ahnen. Tafeln zeigten in Wort
und Bild die Taten und Leistungen des Verstorbenen. Es folgte der Leichenwagen mit
der Totenbahre, begleitet von den engsten Familienangehörigen, die Frau und die
Töchter mit aufgelöstem Haar, klagend und sich an die Brust schlagend. Den Schluss
bildeten andere Trauergäste. Der Zug hielt auf
dem Forum vor der Rednerbühne an, wo die
Trauerrede gehalten wurde. Danach begab er
sich zum Friedhof außerhalb der Stadt, wo der
Leichnam bestattet oder verbrannt wurde. Während ursprünglich vor allem in armen Kreisen
die weniger aufwendige Erdbestattung üblich
war, nahm diese Sitte auch in wohlhabenderen
Familien ab dem 2. Jhd. n.Chr. zu. Das Geden-
ken an die Toten wurde wach gehalten, und den
Totengöttern, den Manen, galt besondere Ve-
rehrung. Die Wahl des Bestattungsortes war
eine Prestigefrage. Bevorzugte Lage der Grab-
stätten, die die Reichen an den großen Ausfall-
straßen Roms bauen ließen, war die Straßen-
front, am besten in Nähe der Stadttore und an
Kreuzungen.

*Abb. 10: Das Grabmal des Bäckers Eurysaces an der Porta Maggiore in
Rom. Livioandronico2013, Wikimedia Commons*

Alphabetischer Lernwortschatz

(h)arēna — Sand, Kampfplatz
adicere, iō, iēcī, iectum — hinzufügen
agricola, ae *m.* — Bauer
ambitiō, ōnis *f.* — Ehrgeiz
ambō, *Akk.m.* ambōs — beide

balneum — Bad

capillus — Haar
cāsū *Abl.* — zufällig
cibus — Essen
cinis, neris *f.* — Asche, Staub
circā + *Akk.* — um … herum
colōnia — Kolonie
colōnus — Pächter, Landwirt
concurrere, currī — zusammenlaufen, zusammenströmen
condemnāre — verurteilen
contentus + *Abl.* — zufrieden mit
cōrōna — Kranz
cot(t)īdiē *Adv.* — täglich
cultūra — Bearbeitung, Pflege
cūstōdia — Wache, Bewachung

decus, oris *n.* — 1. Schmuck, Zierde 2. Ehre, Anstand
dēlēre, dēlēvī, dēlētum — zerstören, auslöschen
dētrīmentum — Verlust, Schaden
digitus — Finger
dīmicāre — kämpfen
discernere, crēvī, crētum — unterscheiden, entscheiden
dūrāre — abhärten

ēlegāns, antis — kunstvoll, schön
ēligere, ēlēgī, ēlēctum — auswählen
ēloquentia — Beredsamkeit
ērudīre — unterrichten, ausbilden
exiguus — klein, kurz
exitus, ūs *m.* — Schluss, Ende
experīmentum — Versuch, Probe, Erfahrung

faciēs, ēī *f.* — Gesicht
fēstus — festlich, feierlich
fidēlis, e — treu
fortūnātus — vom Glück begünstigt, gesegnet

frōns, frontis *f.* — 1. Stirn 2. Stirnseite, Front

gemitus, ūs *m.* — Stöhnen
gignere, genuī, genitum — (er)zeugen, hervorbringen; *pass.* entstehen, werden

hērēs, ēdis *m.* — Erbe

ictus, ūs *m.* — Schlag, Hieb
ideō *Adv.* — deshalb
imitārī — nachahmen, nachbilden
immēnsus — riesig
impedīre, quōminus + *Konj.* — daran hindern, dass
incidere, cidī in aliquem — an jdn. geraten, auf jdn. treffen
industria — Fleiß, Tatkraft
iners, ertis — träge, faul
īnfāns, antis — kleines Kind ab īnfante von Kindheit an
īnspicere, iō, spexī, spectum — betrachten, prüfen
īnstrūmentum — Werkzeug, Mittel
interdum *Adv.* — manchmal
introīre, eō, iī (*oder* ivī), itum — eintreten
invidiōsus — 1. neidisch 2. Neid erregend

lavāre, lāvī, lautum — baden, (sich) waschen
lectus — Bett
leō, ōnis *m.* — Löwe
līberālis, e — eines freien Mannes würdig
lībertus — Freigelassener
luxuria — Genusssucht, Luxusleben

mancipium — Sklave
māne *Adv.* — morgens
mercātor, ōris *m.* — Kaufmann, Händler
mercēs, ēdis *f.* — Lohn, Preis, Sold
merīdiēs, ēī *m.* — Mittag
modestus — maßvoll, zurückhaltend

mortuus	tot
mūnicipium	Landstadt
mūnīmentum	Schutz
necessitās, ātis *f.*	Notwendigkeit
numerāre	zählen
obruere, ruī, rutum	zudecken, eingraben
omittere, mīsī, missum	aufgeben, sein lassen
opulentus	reich
perīculōsus	gefährlich
pingere, pīnxī, pictum	malen, abbilden
pius	fromm, rechtschaffen
plānus	flach
plēbēius	plebejisch, primitiv
porrigere, rēxī, rēctum	reichen
praeferre, ferō, tulī, lātum	1. vorantragen 2. vorziehen
praepōnere, posuī, positum alicui reī	vor etw. stellen
probus	rechtschaffen, anständig
pūrus	rein, sauber
quaestus, ūs *m.*	Erwerb, Erwerbsquelle
quotannīs *Adv.*	jedes Jahr
repellere, reppulī, repulsum	zurückstoßen, abwehren
requiēscere, quiēvī, quiētum	ruhen

rūsticus	1. *Subst.* Bauer 2. *Adj.* ländlich, Land-, Feld-
sāl, is *m.*	Salz, Witz, Spaß
salūtāre	(be)grüßen
scūtum	Schild
sepulcrum	Grabmal
socors, cordis	schlaff, träge
sonus	Geräusch, Ton
sordidus	schmutzig
spectāculum	Schauspiel
spīritus, ūs *m.*	Hauch, Atem
stabilis, e	dauerhaft, verlässlich
statua	Standbild, Statue
studiōsus alicui reī	eifrig bemüht um etw.
trānsferre, ferō, tulī, lātum	hinüberbringen, übertragen
tunica	Tunika
ūnā *Adv.*	zusammen, gemeinsam
urbānus	großstädtisch
vacāre	leer sein
valdē *Adv.*	sehr
versus, ūs *m.*	Vers
vērus	wahr, wirklich
vigilāre	(auf)wachen
vīlica	Frau des Landgutverwalters
vīlicus	Gutsverwalter
vīnea	Rebe
virīlis, e	männlich

Verwendete Literatur

Der römische Lehrer (S. 5)
H.-I. Marrou: Geschichte der Erziehung im klassischen Altertum, herausgegeben von R. Harder, Freiburg/
München 1957, S. 392–393
K.-W. Weeber: Alltag im Alten Rom, Zürich ²1995, S. 311–316

„Von der Bauernmacht zur Weltmacht" (S. 11)
M. v. Albrecht: Artikel „Arbeit" in: der Kleine Pauly, München 1975
K.-W. Weeber: Alltag im Alten Rom, Das Landleben, Düsseldorf/Zürich 2000

Frauenberufe (S. 15)
U. Blank-Sangmeister: Römische Frauen, ausgewählte Texte Lateinisch/Deutsch. Stuttgart 2001
K.-W. Weeber: Alltag im Alten Rom, Zürich ²1995, S. 92–95

Sklaven in der antiken Wirtschaft (S. 17)
J. Bleicken: Verfassungs- und Sozialgeschichte des römischen Kaiserreichs, Bd. 1, Paderborn u.a. ³1989, S. 332ff.
M. I. Finley: Die Sklaverei in der Antike, Frankfurt a. Main 1985
Sklaven und Freigelassene in der Gesellschaft der römischen Kaiserzeit, Textauswahl und Übersetzung von
W. Eck und J. Heinrichs, Darmstadt 1993
P. Veyne: Das Römische Reich, in: P. Ariès, G. Duby (Hg.): Geschichte des privaten Lebens Bd.1, Frankfurt
a. Main 1989, S. 61ff.; S. 121ff.
K.-W. Weeber: Alltag im Alten Rom, Zürich ²1995, S. 324–332

Freilassung (S. 19)
J. Bleicken: Verfassungs- und Sozialgeschichte des römischen Kaiserreichs, Bd. 1, Paderborn u.a. ³1989, S. 339ff.
M. I. Finley: Die Sklaverei in der Antike, Frankfurt a. Main 1985
Sklaven und Freigelassene in der Gesellschaft der römischen Kaiserzeit, Textauswahl und Übersetzung von
W. Eck und J. Heinrichs, Darmstadt 1993
P. Veyne: Das Römische Reich, in: P. Ariès, G. Duby (Hg.): Geschichte des privaten Lebens Bd.1, Frankfurt
a. Main 1989, S. 83ff.
K.-W. Weeber: Alltag im Alten Rom, Zürich ²1995, S. 95–99

Die Stadt Rom in der Antike (S. 21)
J. Carcopino: Rom, Leben und Kultur in der Kaiserzeit, Stuttgart ⁴1992
F. Kolb: Rom, Die Geschichte der Stadt in der Antike, München 1995

Römische Bäder (S. 23)
E. Brödner: Die römischen Thermen und das antike Badewesen, Darmstadt ²1992
F. Kolb: Rom, Die Geschichte der Stadt in der Antike, München 1995, besonders S. 568–577
M. Weber: Antike Badekultur, München 1996
K.-W. Weeber: Alltag im Alten Rom, Zürich ²1995, S. 39–43; S.174–176

Essen und Trinken (S. 27)
Marcus Gavius Apicius: de re coquinaria, herausgegeben, übersetzt und kommentiert von R. Maier, Stuttgart
1991
A.R. Furger: Vom Essen und Trinken im römischen Augst. Kochen, Essen und Trinken im Spiegel einiger
Funde, Archäologie der Schweiz, 8. Jg. 1985, Nr. 3
G. Gerlach: Essen und Trinken in römischer Zeit, Führer und Schriften des Archäologischen Parks Xanten
Nr. 9, Köln 1994
K.-W. Weeber: Alltag im Alten Rom, Zürich ²1995, S. 9–11; 119–120; 162–164; 256–258

Totenkult (S. 29)
F. Kolb: Rom, Die Geschichte der Stadt in der Antike, München 1995, S. 272–274; 322–327
K.-W. Weeber: Alltag im Alten Rom, Zürich ²1995, S. 50–54; 110–114; 364–366